NOTICE,

(PAR CONTINUATION.)

D'UNE COLLECTION

D E

BONNES ESTAMPES,

ENCADRÉES ET EN FEUILLES,

VIGNETTES, LITHOGRAPHIES, PLANCHES GRAVÉES, PIERRES
LITHOGRAPHIÉES, IMPRESSIONS, ETC.

Par suite et après le décès de M. Francisque NOEL, Artiste Graveur,
Éditeur de la Galerie royale du Musée du Luxembourg.

Par Ch. POTRELLE, Appréciateur d'Objets d'Arts.

*Cette vente aura lieu les Jeudi 29 et vendredi 30 novembre
1827, matin et soir,*

EN LA SALLE N°. 3, (MACCARTHY) HÔTEL DE BULLION,

Rue J.-J. Rousseau, n°. 3.

Les principaux Articles seront exposés au Public, le
mercredi 28 (veille de la vente), de midi à trois heures.

LA NOTICE SE DISTRIBUE,

CHEZ { M°. BONNEFONDS-DE-LA-VIALLE, Commissaire-Priseur,
rue Saint-Marc, n°. 14;
Et M: POTRELLE, Appréciateur d'Objets d'Arts, rue des
Vieilles-Étuves-Saint-Honoré, n°. 5.

NOVEMBRE 1827.

Ve. BALLARD, Imprimeur, rue J.-J. Rousseau, N° 8.

ROUTE TOPOGRAPHIQUE

DE PARIS A BÉFORT,

JUSQU'A BALE EN SUISSE,

PAR MAIRE;

Cahier oblong et portatif, composé de vingt-quatre feuilles. PRIX : 2 fr.

A Paris, chez l'Editeur, rue Bourbon, N°. 7, et au Bureau des Voitures de Béfort.

La Carte de France par Cassini laissait beaucoup à désirer sous le rapport des Routes, tant parce que plusieurs, percées depuis, manquaient, que parce que la plupart n'étaient pas très-exactes; le Gouvernement a pris le parti d'en faire lever le plan, tout récemment, par les Ingénieurs des Ponts et Chaussées dans chaque département, et de les faire graver sur les planches. C'est ce travail que le Voyageur trouvera dans la route de Béfort, sur une échelle presque aussi grande que celle de Cassini, de manière qu'il y verra tout ce qui peut l'intéresser, quand il aura un bois à passer, une montagne à gravir, quand il arrivera dans telle commune où il pourra s'orienter; (la plupart sont en plan) tandis que, sans cet itinéraire, il courrait le risque de les traverser toutes, dans l'espace de plus de cent lieues, sans même en connaître les noms.

ORDRE DE LA VENTE.

PREMIÈRE VACATION.

Le Jeudi 29 novembre, à midi,

On vendra toutes les PLANCHES GRAVÉES, PIERRES LITHOGRAPHIÉES et ESTAMPES, désignées sous les Nᵒˢ 209, 213, 248.

DEUXIÈME VACATION.

Le même jour 29, à six heures du soir,

ESTAMPES ENCADRÉES ET EN FEUILLES, sous les Nᵒˢ de 113 à 173 compris.

TROISIÈME VACATION.

Le Vendredi 30 novembre, à midi,

Suite des ESTAMPES, sous les Nᵒˢ 184, 185, de 189 à 193, 195, 197, 199, 201, 203, 204, 206, 207, 208, 210, 211, 212, 214.

QUATRIÈME VACATION.

Le même jour 30 novembre, six heures du soir,

Le reste des ESTAMPES ENCADRÉES, EN FEUILLES, ET LES LITHOGRAPHIES, Nᵒˢ de 174 à 183, 186, 187, 188, 194, 196, 198, 200, 202, 203, de 216 à 225. 248 parties.

NOTICE

D'UNE COLLECTION

DE

BONNES ESTAMPES,

ESTAMPES

ENCADRÉES ET EN FEUILLES.

(PAR CONTINUATION.)

ANDERLONI (Petrus)

113* La femme adultère, d'après le Titien; belle épreuve.

AUDOUIN (P.)

114 Louis XVIII, et S. M. Charles X; comp. en oval., d'après le buste de Valois et le tableau de M. Saint; épreuves avant la lettre.

115 Sept autres portraits de la famille royale, dont Henri IV.

BARTOLOZZI (F.)

116* Une allégorie représentant le génie qui ar-

rête le Temps, d'après Cipriani ; épr. avant la
lettre.

BRISSON.

117 Les jeunes Athéniennes tirant au sort ; grande
et belle estampe d'après Peyron ; épr. avant
la lettre.

BERTRAND (M. NOËL).

118 Louis XVIII ; grand portrait d'apr. Buguet ;
épr. coloriée.

119 Guerrier Grec ; —Jeune fille ; —Guerrier Ro-
main ; — Cornélie. Quatre Études d'après
Fleury ; épr. coloriées.

BERVIC (CH.-CL.)

120* Le Laocoon, groupe d'après l'antique, dessiné
par Bouillon ; épreuve avant la lettre, dite
d'artiste ; au milieu du bas de l'estampe, *Bervic*,
tracé à la pointe.

121* L'Innocence , d'apr. Mérimée.

DEBUCOURT (M.)

122* Grande Course de chevaux, d'après M. C. Vernet.

123* La Chasse aux renards ; —les Chiens ayant
perdu la trace, d'apr. M. C. Vernet ; épr. d'artistes avant toutes lettres.

124* Surprise d'avant-poste et Lanciers Polonais en

cantonnement; épr. coloriées avec soin; montées sous glaces peintes à vignettes dorées.

125* Chasseur au tir, avant la lettre.

126* L'Incendie, une femme se sauvant par une croisée avec son enfant; épr. avant la lettre.

127* Vue de la ville de Lyon, d'après le dessin de W. Véry; épr. coloriée.

128* Le Radeau, grande est. coloriée.

129 Grande garde de Lanciers Polonais en cantonnement; — Combats de Mamelucks et de Hussards; — Mameluck d'ordonnance; — Combat en Égypte et Mameluck au Combat; — le coup de Tonnerre et suite de chevaux disposés pour la course. 21 estampes d'après M. C. Vernet; ép. avant la lettre; 12 lots.

130 Siècle de Louis XV, une Soirée chez Madame Geoffrin, d'apr. M. Lemonnier.

131* Réception de Madame la duchesse de Berry à Fontainebleau, d'apr. M. C. Vernet.

132* Costumes écossais, anglais, russes, et jolies Caricatures, d'après M. Vernet, 10 pi. coloriées.

133 L'Assomption de la Vierge, d'apr. Prud'hon.

DELVAUX.

134 Le Sacre de N. et J., d'après le dessin de M. Isabey; épr. avant la lettre.

DESNOYERS (M. Aug.)

135* Dédale et Icare, d'après Landon ; épr. le titre tracé à la pointe.

136 La Vierge au poisson, d'apr. Raphaël.

DIEN (M. F.)

137 Mort de Démosthènes, d'apr. Boisselier ; épr. avant la lettre, papier de Chine.

DREVET (Pierre).

138 Les Portraits de Louis XIV et Louis XV en costumes, d'apr. Hyacinthe Rigaud.

DUPARC.

139* La Fontaine de Topanée, d'apr. M. Melling ; épr. avant la lettre.

EARLOM (Rich.)

140* L'Académie de Londres, d'apr. Zoffanii.

141* Agrippine portant les cendres de Germanicus ; belle estampe d'après West.

142* La Sorcière, d'apr. Téniers.

FLIPART.

143* L'Accordée de village, d'apr. Greuze.

GANDOLFI.

144 Educazione di Amore, comp. en rond, par Palagi.

145 La même estampe ; avant la lettre.

GIRARDET.

146 Fêtes à Bacchus et à Cérès, d'apr. Poussin.

GODEFROY (M. J.)

147* La Descente de croix, d'après An. Carrache;
épreuve avant la lettre.

148* Portrait de Balthasar Castiglione, d'apr. Raphaël.

GUÉRIN.

149 L'Amour désarmé, d'après Le Corrège.

JAZET (M.).

150 Premier régiment de Husssards en tirailleurs;
d'apr. M. Horace Vernet; épr. avant la lettre.

LAUGIER (M.)

151* Madame la baronne de Staël, d'apr. M. Gérard.

LAURENT (M. Henri).

152 Enlèvement des Sabines, d'après N. Poussin.

LECOMTE (M. Narc.)

153 La Vierge au coussin vert, d'apr. André Solario.

154 La même estampe; épr. avant la lettre.

LIGNON (M. Fréd.)

155* S. A. R. Mgr. duc d'Orléans, d'apr. M. Gé-

rard; épr. avant la lettre; les armes à l'eau
forte.

156 Portrait de Boileau, d'apr. Desenne; épreuve
avant toutes lettres; pap. de Chine.

157 Portrait du duc de Richelieu, d'après M. La
Guiche; épr. avant toutes lettres; sur papier
de Chine.

158 Le Christ au roseau, d'apr. Le Guide; épreuve
avant la lettre.

159 La Vierge au poisson, d'après Raphaël.

160 Naissance de S. A. R. le duc de Bordeaux,
d'après M. Fragonard; épr. avant la lettre.

161 Portrait de Talma, d'apr. M. Picot.

MASSARD (M. Raph.-Urb.)

162* Sainte Cécile, d'apr. Raphaël.

163* Hippocrate refuse les présens d'Artaxercès,
d'apr. Girodet; belle épreuve.

164* Atala, d'apr. Girodet; épr. avant la lettre.

165 Une autre épreuve aussi avant la lettre.

MASSON (Ant.)

166 Portrait du comte d'Harcourt, dit Cadet à la
Perle, d'apr. Mignard; épr. avant le n. 4 dans
la marge de gauche.

MOREL (M. Alex.)

167* Bélisaire, d'apr. David; épr. avant la lettre.

168 Bélisaire, d'apr. David; — OEdipe d'apr. Gi-
     roust; épr. avant la lettre.
169 Serment des Horaces, d'apr. David; épr. avant
     toutes lettres.

MORGHEN (Raph).

170* Le cavalier Moncade, d'apr. Van-Dyck.
171 Les trois Ages, d'apr. M. Gérard; épr. avant
     la lettre.

MULLER (J.-G. de Stulgard.)

172 La Vierge à la chaise, très-jolie estampe gravée
     d'apr. Raphaël, sur le dessin de M. Dutertre.

PIRINGER (B.)

173 Deux Vues de Lyon, d'apr. Wery et Bourgeois.

PORPORATI.

174* Susanne au bain, charmante estampe, d'apr.
     Santerre.

POZZI.

175* La Transfiguration, grande estampe gravée
     d'apr. Raphaël.

RICHOMME (M. J.-T.)

176* Neptune et Amphitrite, d'apr. Jules-Romain;
     épr. avant la lettre. (Société des Amis des
     Arts.)

177* Les cinq Saints; dessiné par Bouillon d'apr. Raphaël, (pièce du Musée Français.)

178* Triomphe de Galatée, dessiné et gravé d'apr. la fresque de Raphaël; par M. Richomme; belle épreuve.

ROGER (M. B.).

179* Atala, d'apr. Girodet.—La Vengeance divine poursuivant le Crime, d'apr. Prud'hon; épr. avant la lettre.

SCHWARZ.

180 Vue générale de Paris, prise de Ménil-Montant.—Vue de Vienne, prise du côté du château de Schonbrunn; d'apr. Hëgl et Palaisaux; épreuves coloriées.

SHARP.

181* L'Ombre de Samuël, d'après West; épreuve avant la lettre.

SIMON-PETER.

182* Jolie gravure représentant une scène de Shakspeare; d'après Peters.

SIXDÉNIERS (M.)

183* Honneurs rendus à Raphaël après sa mort, d'après M. Bergeret; très-belle épreuve avant toutes lettres; seulement les noms d'auteurs à la pointe.

TARDIEU (M. Alex.).

184* Le portrait du comte d'Arondel, gravé d'après
    Van-Dyck.

185 Portrait de Henri IV, d'après Porbus.

ULMER.

186* Sainte Cécile, d'après le portrait de Mignard.

WOOLLET (W.)

187* Ceyx et Alcione, belle estampe d'apr. Wilson.

188* Tobie et l'Ange, d'après Lairesse ;—la Petite
    Forêt, d'après Gaspard-Poussin.

ESTAMPES
DE DIFFÉRENS MAITRES.

189 Instruction paternelle, d'apr. Terburg;—Concert de Famille, d'après Schalken;—le Comte de St.-Florentin, d'après Tocqué, par Wille; — la Sainte Famille, d'après Raphaël, par Edelinck;—Entrée d'Alexandre dans Babilone, d'après Lebrun, par Picault; — le Calme, les Baigneuses, par Balèchou; — la Mort du général Wolf, d'après West, par Woollett; 2 lots.

190 Les Portraits de Lebrun, par Edelinck; — Girardon, par Drevet; — de Bapt Massé, par Wille;—Lekain, par Aug. de Saint-Aubin.

191 Scène du Déluge, d'après Regnault, par Ingouf;—autre Déluge, d'après Poussin, par M. Laurent;—Apollon couronnant le Mérite, allégorie, par Strange.

192 Les Adieux de Louis XVI à sa famille;—Psyché abandonnée, belles vignettes, par M. Tar-

dieu; — Vénus et les Amours, par M. Roger, d'après Prud'hon et Fragonard; — Paysages et ports de mer, d'après Berghem, Louterbourg et Kobell.

193 Les Portraits de lord Duncan, par Smith; — de Lamarche, évêque, par Skelton; — Britannia, par Wilkin.

194* Trente bonnes estampes diverses gravées au burin et à l'aquatinte, dont partie par Edelinck, Woollett, Green, Dupont, Ingouf, Dibart, Blot et Niquet; 15 lots.

195 Quatre cent vingt-quatre portraits gravés par Edelinck, Nanteuil, Ficquet, Savart, Daullé, Demarcenay, Cathelin, Berthaux, Gaucher, Ortman, Aug. de St. Aubin, Roger, Alex. Tardieu, Miger, et Baléchou; 8 lots.

196* Madona col Bambino, par Raphaël, Morghen; — St. Giuseppe, par Longhi.

197* Angélique et Médor, par Morghen. — Apollon couronnant la Vérité, par Audouin. — Le Déluge par Laurent. — Lycurgue, Pénélope par M. Avril. — Le Retour à la ferme par le Bas d'apr. Berghem, et autres estampe; 5 lots.

198 Charmante estampe, par Longhi, représentant la Ste. Famille. — La Vierge au poisson, d'apr. Raphaël, par M. Lignon; épreuves avant la lettre.

199 Dix Paysages et Animaux, d'apr. Berghem et Roos, gravés à l'eau-forte par Desaulx, P^re. Laurent, etc.

200 Napoléon en costume d'Empereur, entouré d'une vignette et d'ornemens allégoriques, dessinés par MM. Percier et Jsabey ; le portrait est gravé par M. Alex. Tardieu ; (très-belle pièce pour le Sacre).

201 La Bataille d'Austerlitz, et un camé de Napoléon à Elchingen.

202 Le Martyre de St. Pierre dominicain par M. H. Laurent, d'apr. le Titien ;—la Vision d'Ezéchiel, par M. Longhi, d'apr. Raphaël ;— Le Christ sur les genoux de la Vierge ;—le Massacre des Innocens, par Bartolozzi.—Mars et Vénus, par Blot, et paysages d'apr. l'Albane ; 8 pièces, 2 lots.

203 Collection de belles figures d'apr. l'antique, gravées par MM. R. Urb, Massard, Chatillon, Audouin, Demeulemester, Romanet, Bovinet, Baquoy, Morel, Morace, Bartolozzi, Lignon et Potrelle ;—quelques paysages et marines d'ap. Cl. Lorrain, Wouvermans, Van-Der-Meulen et Berghem ; 44 pièces, 8 lots.

204 Cent dix-sept pièces diverses dont : Collection de têtes d'études d'Ossian, par Girodet ;—Académies et expressions de l'âme par Lebrun ;—

Statues et monumens des Musées; — Vues d'Italie; — Études d'arbustes; — jolis Paysages, batailles et sujets, 9 lots.

205 Soixante-dix-neuf estampes, dont portraits, paysages, ports de mer et sujets d'Henri IV, Sully, Dassas, Desilles, etc. ; 6 lots.

206 Trente-deux estampes du Musée Français; dont : le Massacre des Innocens par Bartolozzi; — la Vierge au linge par Ingouf; — le Christ au tombeau par Audouin ; — Ste.-Cécile par Beisson; — Naissance de Jésus; — les Muses; — l'Adoration des Mages; — La belle Jardinière; — la Madeleine au désert; — un Chasseur par R. Urb. Massard, et une collection des plus beaux paysages d'apr. N. Poussin, Rubens, Van-Huysum, Ruisdaël; presque toutes épr. avant la lettre; 9 lots.

207* Vingt-deux estampes dont : la Madone de Saint Sixte; — Phedre et Hippolyte; — Soldat de Waterloo; — le Mariage de Ste. Catherine; — les Mamelucks au combat; — mort de Démosthènes; — le Lion de Florence; — Berger de Virgile; — Télémaque et Calypso; — le Bain de Léda, par Porporati; 17 lots.

208 Vingt-six pièces, dont : Fêtes à Cérès et à Bacchus; — le jour de Loyer; — le Collin mailla

Mercure et Argus; — Berger de Virgile, etc.
—6 Lots.

209 Sept cent quatre-vingt-cinq pièces, dont :
gravures pour les loges du Vatican, arabes-
ques, bas-reliefs, costumes de différens pays,
tableaux de Paris, portraits de grands personnages, sujets religieux, et cartes de géogra-
phie; 23 lots.

210* Les heures de la Nuit, d'après Raphaël;
épreuves coloriées, montées en dessins.

211* La Bénédiction de la mariée; épreuve avant
la lettre.

212* Louis XVIII à sa rentrée en France; une Scène
de naufragés à Moscow; la Main chaude;
Bivouac de cosaques en Sibérie; la Charette
renversée; exercices de Franconi, et autres;
56 pièces; 13 lots.

213 Trois cent quarante-six estampes, dont : Portraits et sujets pour l'histoire de France; Vignettes d'Homère; Monumens de sculpture,
par Vautier; Paysages; Vues; Marines; Sujets
de l'histoire ancienne; Intérieurs rustiques,
et jolies pièces gracieuses gravées et coloriées
à Londres; 20 lots.

214 Collection de portraits de personnages célè-
bres, gravés au burin par Catheliu, Mellan,

Flipart, Lempereur et Ingouf. Au nombre de
cinq mille quatre-vingt-dix; 10 lots.

215 Sujets pour l'histoire de Sargines, nombre de
vignettes, fleurs, portraits, paysages, carri-
catures, etc.—24 Lots.

LITHOGRAPHIES.

216* Une Famille malheureuse, belle lithographie
par M. Aubry-Lecomte, d'après Prud'hon;
épreuve sur papier de Chine.

217* Choix de têtes tirées du tableau d'Ossian de
Girodet; très-belles épreuves montées en dessin; 2 lots.

218 Endymion; — Zéphir; — le père Aubri; —
Atala, quatre lithographies d'après le même
peintre, par M. Aubry-Lecomte.

219 Dix-sept sujets et têtes d'Ossian, d'après Girodet; 4 lots.

220 Marines lithographiées par Gudin.

221 Paysages lithographiés par Villeneuve.

222 Sujets réligieux et monumens; 17 pièces lithographiées par MM. Arnout, Deroy, Colin
et Fragonard.

223 Ecce homo ; St.-Paul; Ste.-Vierge ; Ste.-Ma-
deleine ; Ste. - Cécile ; Ste. - Catherine ; six
études d'après Raphaël et le Titien.

224 Voyage dans le Levant, par M. le comte de
Forbin.

225 Collection de portraits des Artistes des théâtres
de Paris, dessinés et lithographiés d'après
nature, par Collin.

PLANCHES GRAVÉES.

226 La Jeunesse, planche gravée au burin par
F. Muller, d'après la belle statue de Le Mas-
son, sur le dessin de Bouillon; cette charmante figure de jeune fille n'est pas entière-
ment nue, une légère draperie voile d'une
manière transparente une partie de ses
charmes ; elle tient d'une main une cou-

ronne de fleurs. Haut. 12 po. 9 li., larg. 8 po.;
imp. 180 épreuves, dont 70 avant la lettre.

227 Le Déluge; grande planche au burin, gravée
en 1802 par P. Laurent, d'après le tableau
du Musée peint par N. Poussin. Larg 21 po.
9 lig., haut. 16 po.; imp. 189 épreuves, dont
50 sont avant la lettre.

228 Trois planches gravées à l'eau-forte, par
M. H. Laurent, pour la vie de Saint Bruno,
d'après Lesueur.

229 Une grande planche en largeur, représentant
une tempête, gravée à l'aquatinte.

230 L'Éducation d'Achille; — l'Enlèvement de
Déjanire, deux planches in-4, gravées au
pointillé.

230 *bis* Triomphe de Galatée; belle planche neuve,
gravée au pointillé par Massole, sur le dessin
de M. Aug. Desnoyers, fait d'après le tableau
peint par Lesueur.

231 L'Heure désirée; — le Bouquet chéri; deux
planches gravées en largeur, par M. Chaponnier, d'après Boilly et Fournier; imp. 180 épr.

232 L'Amant favorisé; — la Comparaison des pe-
tits pieds; deux grandes planches gravées
par le même artiste, d'après Boilly, impr.
13 épreuves.

233 Le Dieu des Dames ;—les Secrets de l'Amour ;
deux planches in 4. au pointillé.

234 L'Amour couronné ;—les Grâces enchaînées ;
deux jolies planches en hauteur, aussi par
M. Chaponnier ; imp. 4 épreuves.

235 Le Bouquet inattendu ; — la Lettre désirée,
deux grandes planches gravées par le même,
d'après mademoiselle Gérard ; impr. 300 épr.

236 Le Modèle disposé ; — le Prélude de Nina ;
deux jolies planches gravées par le même,
d'après Schall et Boilly ; impr. 76 épreuves.

237 Ce qui est bon à prendre est bon à garder ;
une planche gravée par le même, d'apr. Huet ;
impr. 259 épreuves.

238 Cent quatre-vingt-dix-huit planches gravées,
représentant des portraits, costumes, caricatures, paysages, par Perelle ; vignettes, vues
d'optiques, broderies, etc. ; 14 lots.

239 Cent seize planches d'anciennes médailles
romaines.

240 Deux cent seize planches de vignettes pour
divers romans ; 6 lots.

241 Portraits de Louis XVI, la Reine et le Dau-
phin, gravés par Aug. de Saint-Aubin ; —
Portrait de Louis XVIII, par Girardet.

242 Les portraits de Racine, par Ficquet ;—Cré-
billon, Duclos, Beaumarchais ; Francklin,

De Mairan, Watelet et J. Vernet, par Cochin
et Aug. Saint-Aubin; 8 planches, la première
à l'eau forte.

243 Projet de la machine de Marly, en 2 planches.
244 Dix-huit Vignettes, en 10 planches, pour les
Fables de Florian.
245 Portraits de Rabelais, Hamilton, Grammont
et comtesse de Grammont.
246 Quatre grandes vignettes à l'eau-forte.

PIERRES LITHOGRAPHIÉES.

247 Une Tête de Madone; — la Prise de Tabac;
—l'Attaque près d'un Moulin, et plusieurs caricatures; 3 lots.
248 Plusieurs lots de beau papier de Chine,
bordures dorées pour tableaux et estampes,
portefeuilles et autres objets, seront vendus
sous ce numéro.